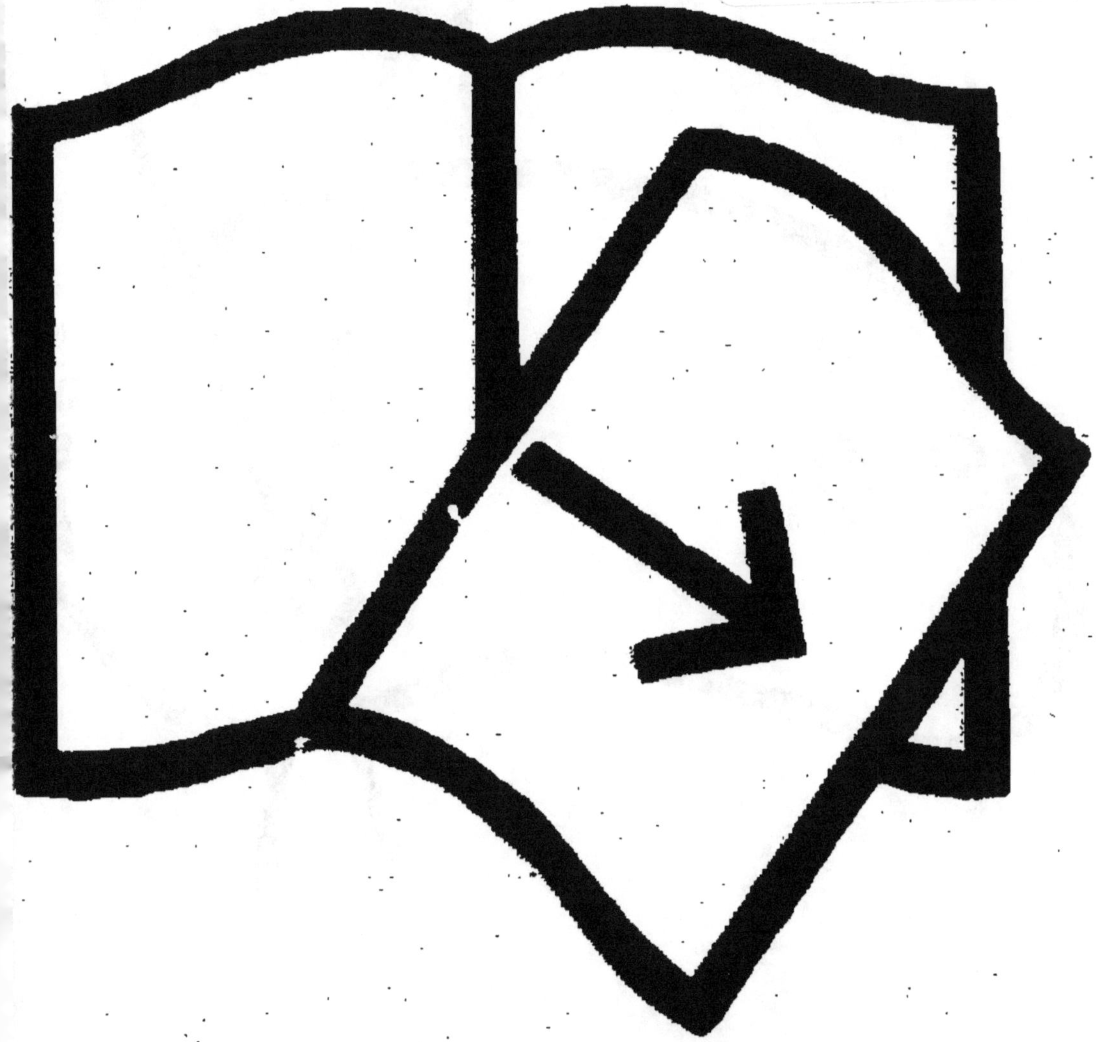

Couverture inférieure manquante

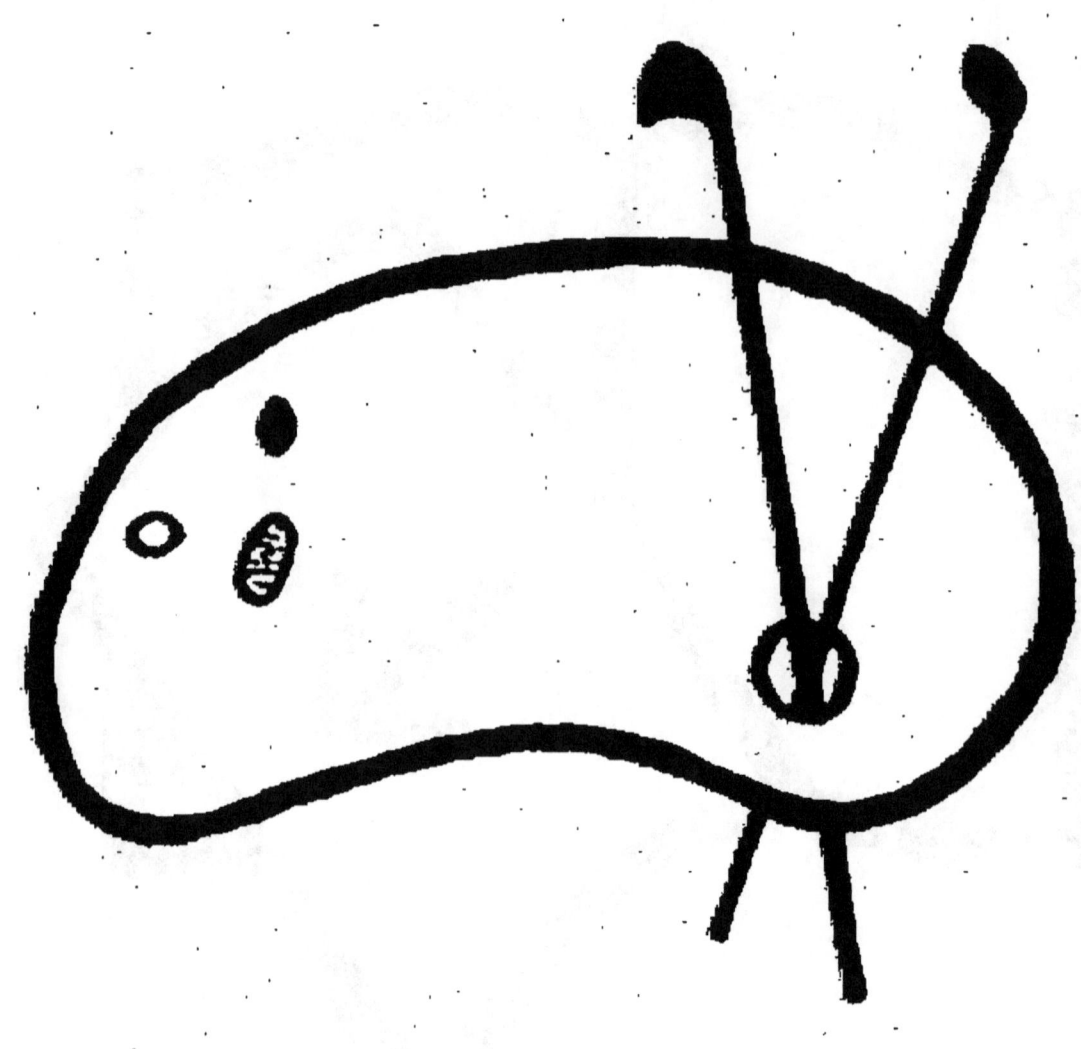

ORIGINAL EN COULEUR
NF Z 43-120-8

LES
DUCS DE LORRAINE
ET
NANCY

Par Paul DIGOT

C✤O✤✤

MEMBRE DE L'ACADÉMIE HÉRALDIQUE ITALIENNE
ET AUTRES SOCIÉTÉS SAVANTES.

NANCY
CHEZ ED. ANDRÉ, ÉDITEUR
67, RUE SAINT-DIZIER
—
1881

LES
DUCS DE LORRAINE

ET

NANCY

Par Paul DIGOT

C✱O✱✱

MEMBRE DE L'ACADÉMIE HÉRALDIQUE ITALIENNE
ET AUTRES SOCIÉTÉS SAVANTES.

NANCY
CHEZ ED. ANDRÉ, ÉDITEUR
67, RUE SAINT-DIZIER
—
1881

PRÉFACE

Cette publication est un résumé de l'histoire des ducs de Lorraine et de la part qui leur revient dans la création de Nancy et de ses monuments. Elle n'a d'autre mérite que d'être une compilation des meilleurs historiens lorrains.

Elle m'a été demandée comme complément de la vie du duc Léopold.

LES
DUCS DE LORRAINE
ET
NANCY

La Lorraine n'était jadis qu'un désert habité par des peuplades errantes. Les Romains s'en emparèrent et y introduisirent les éléments de leur civilisation. Ils enseignèrent notamment aux indigènes l'art de bâtir. De cette ère datent les premières villes de la contrée, entre autres Metz et Verdun. A l'invasion romaine succéda celle des Francs qui implantèrent le christianisme dans le pays. Ces nouveaux conquérants traitèrent les populations vaincues avec égards, leur laissant la propriété des terres, se fusionnant avec elles par des mariages, les initiant aux bienfaits de l'instruction. Les premières écoles lorraines remontent en effet à l'ère chrétienne, elles furent fondées par l'Eglise.

A la mort de Clovis, on donna la Lorraine au royaume d'Austrasie. Elle jouit d'une certaine prospérité jusqu'à la mort de Sigisbert; mais elle déclina à partir de cette époque. Les successeurs de ce roi, incapables d'administrer et de défendre eux-mêmes leurs domaines, en confièrent le soin à des guerriers fidèles ou leudes. Ces délégués n'exercèrent d'abord que l'autorité militaire, mais ils reçurent ensuite le droit de rendre la justice sur leurs terres à cause des brigandages qui les infestaient. Plus tard, les leudes trouvant dans l'Eglise grandissante une qualité essentielle qui leur manquait pour exercer cette seconde fonction, la science, l'associèrent à leur autorité.

A la décadence des rois mérovingiens, les guerriers devenus seuls chefs et protecteurs du pays, ne pouvant exercer simultanément le pouvoir, le confièrent au plus puissant d'entre eux. Ce délégué, appelé maire du Palais, nommé d'abord à l'élection, se rendit plus tard héréditaire. Pépin le Bref, maire du Palais, très intelligent, se proclama roi. Sa race, après une série de princes capables, ne produisit plus que des rois débiles. L'histoire mentionne notamment parmi eux Lothaire, en 845, qui a donné son nom à la Lorraine. Sans l'Eglise, qui en ralliant sous les étendards de la foi toutes les peuplades de la contrée, fonda l'unité lorraine, notre pays, comme les autres parties de l'empire de Charlemagne, serait devenu la proie des envahisseurs.

Cette cause, jointe à d'autres décrites postérieurement, lui assura une existence de neuf cents ans.

Notre patrie fut bien éprouvée alors, convoitée déjà par les Francs et les Allemands, qui en firent le théâtre de leurs luttes pendant un siècle, sa population diminua beaucoup à cause de la misère. L'empire, sorti vainqueur de cette compétition, s'empara de la Lorraine. Les empereurs ne pouvant administrer par eux-mêmes une conquête aussi éloignée du centre de leurs domaines, en confièrent la mission à des ducs bénéficiaires.

L'empereur Henri II nomma, en 1040, par rescrit impérial, duc de Haute-Lorraine à titre héréditaire, Gérard d'Alsace, descendant d'une branche aînée de la maison de ce nom, fondée en 630 par le patrice Rigomer, époux de sainte Gertrude.

L'histoire du duché de Lorraine commence à Gérard. Comment cet Etat, né du démembrement du royaume de ce nom, a-t-il vécu sept siècles, bien qu'il fut débile à cause de son petit territoire, de ses frontières ouvertes sollicitant les convoitises de puissants voisins.

Notre duché a dû sa longévité à trois causes:

à la foi du peuple, à la capacité et à la bonté de la famille ducale, à l'esprit national des populations attachées aux institutions quelque peu libérales du pays.

La capacité et la bonté des ducs; la maison d'Alsace, débitrice de sa fortune aux empereurs, chercha d'abord à s'affranchir de cette suprématie; impuissante pour arriver seule à ce résultat, elle se rapprocha de la Maison de France par des mariages, puis par des traités qui lui donnèrent de l'aider dans ses guerres avec ses voisins; l'Allemagne exceptée. Elle se réservait alors de rester neutre vis-à-vis de cette dernière.

Cette sage conduite de nos ducs leur valut l'amitié constante de la France et la reconnaissance de l'Allemagne qui la leur prouva notamment à la diète de Vorms, par la proclamation de l'indépendance du duché.

La seconde cause de la longévité de la Lorraine a été la foi ferme de son peuple, foi qui résista toujours aux prédications des sectes, et exempta le pays du fléau des guerres religieuses.

La troisième cause de la longévité de la Lorraine a été l'attachement des sujets aux institutions libérales du duché. Le peuple lorrain a toujours devancé les autres dans la voie de la civilisation, guidé par l'exemple de la noblesse. Cette classe qui en Lorraine était instruite, ne passait pas son existence à guerroyer, à rançonner le peuple, elle avait à cœur au contraire de le protéger et de le défendre dans ses assemblées ou assises, vrai parlement. Cette thèse est tellement fondée, qu'une des causes de la fin du duché fut la suppression de ces réunions par Charles IV, qui voulut pouvoir se lancer librement dans les aventures qui ont livré le pays à la France.

Après cet exposé rapide des causes de la longévité de la Lorraine, je vais donner un tableau sommaire des institutions, du commerce, de l'industrie et des gloires du duché.

Le peuple lorrain a eu une grande part dans la légende de notre pays, par son courage, ses habitudes de travail et d'ordre. Si la Maison ducale a joué un rôle glorieux dans l'histoire de l'Europe, elle l'a dû aux Lorrains, déployant sur les champs de bataille une ardeur invincible unie à un esprit d'obéissance et d'abnégation incroyables, et se montrant en temps de paix travailleurs infatigables, supportant sans plaintes ni murmures les frais des guerres. Le Lorrain a plus souffert qu'aucun autre peuple. Visité souvent par la peste et la famine, accablé par le poids des invasions, il a toujours manifesté une résignation exemplaire, porté un amour ardent à ses ducs, même aux heures les plus tristes de son existence. Comment expliquer tant de résignation ! C'est que nos pères connaissaient la bonté, le dévouement, la simplicité, la bienfaisance de la Maison ducale.

A l'avènement de Gérard d'Alsace, la population du duché se composait de deux classes : les nobles ou détenteurs de la terre, assez puissants pour dicter la loi au prince, puisque Gérard, quoique nommé par l'empereur, ne pût régner qu'après avoir reçu d'eux l'investiture; les serfs, se recrutant même parmi les hommes libres qui renonçaient à leur indépendance pour acquérir un protecteur. La puissance ducale à son origine ne constituait donc qu'un pouvoir nominal à cause de la force de la chevalerie. Le domaine ducal, suffisant pour couvrir les dépenses du duché, lui donnait seul une certaine indépendance. Plus tard, les dépenses ayant augmenté, et les revenus de la couronne se trouvant insuffisants à les couvrir, les ducs furent obligés d'adresser de fréquents appels à la noblesse pour se faire voter des subsides extraordinaires. Le pouvoir ducal, devenu à la suite des temps plus fort par la possession du trône et l'agrandissement de ses domaines, supportait avec peine d'être assujéti pécuniairement à la chevalerie. Voilà pourquoi l'histoire du duché offre une succession de luttes entre les ducs et la noblesse qu'ils voulaient écraser.

Celle-ci put résister longtemps, parce qu'éclairée, elle se montra toujours l'avocat du peuple, qui s'enrôlait en reconnaissance sous sa bannière. La noblesse, d'un côté battue néanmoins en brèche par le pouvoir ducal, éclipsée de l'autre par le tiers état enrichi par le commerce et l'industrie et que les ducs favorisaient en l'ennoblissant pour l'opposer à l'ancienne chevalerie, devait voir son prestige diminuer avec le temps.

Les premiers ennoblissements lorrains remontent au XIII° siècle en faveur des familles Milhau et Gondrecourt. Les ducs exercèrent d'abord seuls le privilège d'ennoblir, puis des Seigneurs moins puissants se l'arrogèrent, entre autres les évêques de Metz, de Toul, Verdun, et les damoiseaux de Commercy. Les ennoblissements concédés d'abord comme récompense de services rendus à l'Etat, furent donnés plus tard par caprice ou vénalité, témoin la vente des lettres de noblesse par les Carmes. Les privilèges importants qui furent octroyés aux nobles, firent murmurer le peuple.

Les familles de l'ancienne chevalerie sont aujourd'hui peu nombreuses, on peut mentionner parmi les survivantes, les Lignéville, branche cadette, les Beauveau, les Haussonville, Beaufremont, Raigecourt, Mitry, Ludres, Hautoy, Savigny, Lavaux, Lambertye, Thumery.

Parmi les ennoblis lorrains nous pouvons citer comme encore représentées les familles suivantes, sans indiquer la date des concessions, nous souvenant de la légende de Dom Pelletier.

Alexandre (de Bonneval, de Saint-Balmont, de Kirschberg), Arbois de Jubainville, Arnauld de Praneuf, Auburtin, Aulbery de Frawenberg.

Barral, Bardin de Saint-Laurent, Bazelaire de Lesseu, Beaudot, Beaufort de Gellenoncourt, Bonne, Bonnet, Bouligny, Bourcier, Bourgogne, Bouvet, Bouvier, Briey.

Cardon de Sandrans, Chardin, Choné de Bollemont, Cléret, Collin de Benaville, Collin de Barizien, Collin de Paradis, Collesson, Collinet de Lassalle, Condé de la Croix, Costé, Ceuillet de Beauchamps, Contencin, Curel.

Dolard de Myon, Dolmaire de Provenchaires, Dubois de Riocourt, Duhoux, Dupont de Romémont, Dumesnil, Durand, Dutertre.

Fabvier, Faillonnet, Fériet, Finance, Fisson du Monlet (Landrian), Fleury, Fleutot de Domgermain, Fourrier de Bacourt.

Gallois, Gauvain, Georgin de Mardigny, Gérard d'Hannoncelles, Gillet de Pimodan, Gondrecourt, Georges de Lemud et des Aulnois, Graffard, Guilbert de Pixerécourt, Guyot de Saint-Remy, Guerrier de Dumast, Guerre de Sainte-Odille.

Haldat, Hame, Hamonville, Hauzen, Hennezel, Herbel, Hofflise, Huart, Humbert de Girecourt, Huyn de Vernéville, Husson de Prailly.

Jouard du Magnou.

Klopstein.

Lagabbe, Lahausse, de Vernon, Lallemant de Liocourt, Lallemant de Mont, Laruelle, Latour, Latour en Voivre, Leduchat, Lebègue (de Germiny, de Girmont, de Passoncourt), Lefèvre de la Forêt, Lefèvre de Saint-Germain, Lescal, l'Espée, Lord de Saint-Victor.

Martin de Juvelcourt, Magnien de Magnienville, Mahuet, Margadel, Marionnels, des Maretz, Metz, Marchis, Mathieu de Dombasle (Meixmoron), Miscault.

Nettancourt.

Olonne.

Pernot du Breuil, Perseval, le Petit, le Paige, Pillement de Russange, Poirot de Valcourt, Protin de Vulmont, Prudhomme de Fontenoy.

Ravinel, Rebourg, Regnard de Gironcourt, Regnault d'Ubexy, Riston, Roguier, Roxelange,

Rotton, Rouot de Fossieux, Rozières, Rousselot de Morville, Roxard de la Salle.

Saintignon, Simony, Siregean, Scitivaux de Gresche, Schaken, Soriot.

Thibaut (de Montbois, d'Habaumont), Thierry de Rambeau, Thiballier, Trompette.

Vaudechamps, Vincent, Vendel, Villers.

Urguet de Saint-Ouen.

Après la noblesse, je dois étudier le clergé. Le souffle puissant de la foi a toujours animé la nation lorraine au point de lui imprimer à certaines heures de son existence, une force de résistance et d'expansion supérieure à sa puissance réelle; de là le rôle brillant de la Lorraine aux croisades, sa lutte contre les doctrines de Calvin et de Luther. Cette foi ardente et dévouée était vivifiée par le clergé qui prêchait surtout par l'exemple. La force religieuse résidait en Lorraine, non dans le clergé séculier, mal renté en général, mais dans les monastères, institutions puissantes par leur ancienneté, leurs richesses, leurs écoles. Ces maisons ont été les bienfaitrices du pays par le défrichement du sol et la diffusion des lettres et des sciences. Le premier ordre fixé en Lorraine fut celui de Saint-Benoît, suivi plus tard par les Prémontrés, Minimes, Dominicains, Jésuites, etc. Ces monastères ne résistèrent pas toujours au mite dissolvant de la prospérité, le relâchement les gagna un jour; mais il fut enrayé par les pères Didier de la Cour et Fourier, grands réformateurs des ordres religieux en Lorraine.

L'organisation politique du duché ne consistait d'abord que dans les assises ou assemblées de la chevalerie pour voter les impôts. Dans ces réunions, composées uniquement de cette classe, entrèrent successivement le clergé, les annoblis, et le tiers-état, représenté d'abord par des délégués tels que conseillers du roi, maitres des requêtes, plus tard par les mandataires des communautés. Le duc avait seul le droit de convoquer ces états qui constituaient une chambre représentative. Au-dessous de cette première institution libérale du duché, on trouvait les municipalités ou échevinages créées d'abord dans les villes, ensuite dans toutes les communautés avec double juridiction : la gestion des intérêts de la cité, puis le droit de rendre la justice dans certaines questions civiles et criminelles. Ces fonctions d'échevin, conférées à leur création par les ducs, données ensuite par le suffrage, revinrent à la nomination du chef de l'Etat après l'ordonnance qui en établissait la vénalité.

Le droit de rendre la justice appartint originairement à la chevalerie, qui ne l'exerçait qu'à des dates périodiques dans ses assises. L'Eglise partagea ensuite ce privilége, mais elle ne l'exerça que rarement, elle déléguait cette prérogative à des mandataires, enfin les communautés acquirent ce droit après leur affranchissement. On tenait ordinairement les audiences sur la place du marché. On ne basait pas les jugements sur des lois, mais sur la tradition et les usages. Ce régime dura jusqu'au jour où les ducs, voyant l'augmentation de la fortune publique et la multiplicité des intérêts, comprirent la nécessité de ne plus livrer les justiciables à cette magistrature, et de la remplacer par une organisation judiciaire régulière ainsi constituée : On conserva pour tribunaux criminels, les échevins et les assises ; ces dernières présidées par le bailli comme représentant le pouvoir ducal. Le duché fut divisé au civil en prévôtés correspondant aux justices de paix de nos jours. On créa, au-dessus de ces tribunaux inférieurs, trois baillages dont les jugements ressortissaient en appel de la cour souveraine de Nancy et des Grands-Jours de Saint-Mihiel. L'institution du ministère public ne remonte qu'au XIIIe siècle, et la justice consulaire ne date que de Léopold. Le traitement de la magistrature consistait en honoraires minimes avec casuels appelés épices. Le duc Antoine décréta la vénalité des charges. Les procureurs furent longtemps les seuls défenseurs des plaideurs, car on ne créa les avocats qu'en 1614.

Les ducs de Lorraine ont soutenu beaucoup de guerres; que de sang lorrain versé sur les champs de bataille de l'Europe et des autres continents! L'histoire nous montre nos pères jouant un rôle brillant aux croisades, se couvrant de gloire en Afrique, etc. Comment se recrutait l'armée? D'abord dans la chevalerie et ses vassaux, astreints au service envers le prince en temps de guerre pour un temps déterminé. On ne connaissait donc pas d'armée permanente; plus tard, la chevalerie, épuisée par des appels trop fréquents, ne put fournir un contingent suffisant. Les ducs en comblèrent le vide par des enrôlements temporaires d'étrangers, mais les rapines de ces gens de guerre, après leur licenciment, forcèrent de les louer pour une durée indéterminée; de la vint l'armée permanente, s'élevant, avant Charles III, à six mille hommes. Ce prince organisa régulièrement l'armée en 1592. Il commença par créer un budget de la guerre administré par le trésorier des guerres.

L'armée se composa dès lors de la garde ducale, comprenant : 1° une compagnie d'arquebusiers à cheval non casernés; 2° d'une escouade de 36 suisses, d'un régiment d'infanterie, de trois compagnies détachées dans les bailliages et d'un corps de mille hommes pour les forteresses.

L'armée ordinaire comptait en temps de paix, 5 régiments d'infanterie, 4 régiments de lansquenets, 4 régiments de grosse cavalerie, 14 compagnies de cavalerie légère, d'un corps d'artillerie, attelé seulement en temps de guerre de chevaux réquisitionnés.

Le canon servit pour la première fois en Lorraine, sous le duc Jean, à la bataille de Saint-Blin.

En cas de guerre, on augmentait l'armée par une levée extraordinaire et des enrôlements d'étrangers.

Cette organisation dura sans changement jusqu'à Léopold qui la compléta par la création de la maréchaussée.

Le commerce et l'industrie ont subi en Lorraine les fluctuations inhérentes à ces professions; on les trouve florissantes à certaines époques, languissantes à d'autres; mais nous devons rendre justice à nos ducs pour leurs efforts en faveur du développement de ces deux sources de la richesse publique et pour leur protection aux heures de crise.

Le commerce n'a commencé à être prospère en Lorraine qu'au XIIIe siècle; on comptait à cette époque nombre de villes faisant un grand négoce à l'intérieur et à l'extérieur du duché. Cette prospérité commerciale attira dans le pays beaucoup d'étrangers, notamment des Lombards. Au XIVe siècle, les négociants, très nombreux, s'organisèrent en confréries sous le patronage de saint Georges et de saint Michel. La concurrence rendant les affaires difficiles, les négociants, pour trouver de nouveaux débouchés commerciaux, se rendirent certains jours de fête avec leurs marchandises dans les localités dénuées de ressources; de là, l'origine des foires, favorisées, par les ducs, de franchises considérables à cause de leur utilité. Cette prospérité s'allanguit au XVe siècle pour reprendre un nouvel essor au XVIe siècle; on rencontrait alors des marchands lorrains aux foires de France et d'Allemagne. Les guerres qui affligèrent le duché depuis la moitié du XVIe siècle jusqu'au règne de Léopold, portèrent un coup mortel au négoce et à l'industrie. A l'avènement de ce prince, Nancy ne comptait plus une maison de commerce importante, mais sous son règne réparateur, les affaires reprirent un développement si rapide et et le commerce devint en telle considération, que des nobles embrassèrent la carrière commerciale; encouragés dans cet élan par l'ordonnance de 1622, qui proclamait le droit de la noblesse de commercer sans dérogeance.

Les ducs de Lorraine protégèrent aussi l'industrie nationale avec sollicitude. Parmi celles exercées autrefois en Lorraine, on peut citer la fabrication du miel et de la cire dont l'existence remonte à 1367 et qui prit un tel développement que l'on pouvait payer les impôts en cire. L'exploitation des perles dans les rivières des Vosges, les extractions de cuivre, de plomb et de fer surtout à Framont. L'on travaillait ces produits dans des usines, Nancy possédait entre autres une batterie de cuivre. Malgré l'ordonnance de René II et de ses successeurs pour régler l'exploitation de ces richesses minérales, elles s'épuisèrent assez vite, il fallût en abandonner l'extraction vers le XVIe siècle.

On fabriqua de la bière dès le IXe siècle, dans les Vosges et la Meuse, plus tard on ne trouvait de brasseries qu'à Nancy et Dieulouard.

Les forêts, cette grande production du pays, attirèrent sutout l'attention des ducs, principalement de Raoul, auteur d'un code forestier.

Les céréales étaient exportées dans les années d'abondance.

Les vins, dont le pays possédait de bons crus, étaient recherchés. Les ducs ne buvaient pour les favoriser que les produits locaux, et frappaient de droits élevés les vins étrangers.

La Lorraine comptait une manufacture d'armes

à Badonviller, une filerie de fer à Nancy, une manufacture de soie où se tissaient des draps tramés d'or et d'argent. Charles III, pour permettre à cette industrie de puiser les matières premières dans le pays, essaya d'y introduire l'élevage des vers à soie, tentative restée infructueuse.

On rencontrait des faïenceries à Lunéville, Niderviller, Raon, Saint-Dié. Des papeteries, favorisées par les chutes d'eau, existaient à Frouard, Champigneulles, Tantonville, Baccarat, alimentant de leurs beaux produits, la Lorraine, la France et l'Allemagne. Les ducs, pour encourager cette industrie, défendaient la sortie des chiffons du duché.

L'imprimerie, établie en Lorraine en 1486, comptait de grands établissements à Nancy et à Longeville près de Bar.

On trouvait dans le duché des fabriques de poudre, des salines dont l'extraction remonte aux mérovingiens, rapportant au XVI° siècle six cent mille livres barrois au Trésor.

L'industrie du verre, fut introduite dans le duché sous Charles IV, exploitée par les familles d'Hennezel, de Finance, Verniory, favorisée par des privilèges considérables, entre autres, celui de la noblesse. Cette fabrication occupait mille bras sous Léopold.

Après cet exposé rapide de l'état du commerce

et de l'industrie, je dois constater l'attention apportée par les ducs pour faciliter l'écoulement des produits. Aux anciennes voies romaines parfaitement entretenues, les princes ajoutèrent des routes nouvelles. Charles III, par son ordonnance de 1605, imposa une corvée de huit jours à chaque commune pour l'entretien des chemins. Léopold fut le grand organisateur de la vicinalité lorraine. Il ordonna la construction de 400,000 toises de routes, des ponts. Il confia la direction de ces travaux à un corps d'ingénieurs placé sous les ordres de M. le comte du Hautoy. On couvrit cette dépense à l'aide d'un impôt spécial.

Les ducs s'attachèrent aussi à utiliser les rivières comme voies de transport en les canalisant et en construisant des canaux destinés à les relier entre elles. Charles III et Henry II favorisèrent beaucoup ces améliorations.

La maison ducale, si jalouse du bien-être matériel de ses sujets, ne pouvait rester indifférente à leur culture intellectuelle. Elle chercha toujours à faire fleurir les lettres, les sciences, les arts dans ses Etats. L'Eglise a fondé les écoles en Lorraine; la plus ancienne est la classe de chant près la cathédrale de Metz, fondation imitée plus tard par toutes les abbayes. Les malheurs des temps paralysèrent souvent le développement de l'instruction. Le IX⁰ siècle vit les écoles mal dirigées, peu fréquentées, mais elles brillèrent au XIII⁰ siècle d'un grand éclat. Les cathédrales, les monastères possédèrent alors tous un scolastique ou maître d'école, enseignant la philosophie, la musique, les mathématiques, la grammaire, et formant de bons élèves ; plus tard on ne comptait pas une commune sans école. Les curés ou vicaires touchant un revenu de 800 marcs devaient entretenir un maître d'école dans leurs paroisses. Les monastères possédaient des bibliothèques. L'enseignement supérieur embrassait toutes les sciences excepté la médecine, inconnue des nationaux et pratiquée par les Italiens.

L'instruction déclina au XV⁰ siècle, même au sein du clergé ; ce corps, devenu incapable de diriger lui-même ses écoles, en confia le soin à des laïcs ; un laïc tenait en 1425 la classe de l'église Saint-Victor de Metz. C'est l'ignorance du clergé de ce temps qui a enfanté les universités.

La jeunesse, privée en Lorraine d'un foyer de haut enseignement, suivait, pour s'instruire, les cours de l'Université de Paris. Charles III, pour lui faciliter le séjour de cette ville, y créa un collège pour la recueillir ; plus tard il fonda l'Université de Pont-à-Mousson, comprenant cinq facultés : la théologie, la philosophie, les humanités, confiées aux jésuites ; le droit, la médecine, enseignés par les laïcs. L'Université, ouverte le 3 mars 1575, brilla dès le début d'un grand éclat. La faculté de droit installée seulement en 1578, ne compta d'abord qu'un professeur, Villiam Barckley. On créa ensuite quatre autres chaires. La faculté de médecine s'ouvrit en 1598. La renommée des professeurs de l'Université attira chaque année un plus grand nombre d'élèves ; elle en comptait 900 en 1600, 2,400 en 1607. Cette prospérité disparut sous le règne de Charles IV ; la jeunesse ne trouvant plus d'emplois renonça à payer les frais élevés des grades universitaires. Cette décadence dura jusqu'au règne de Léopold, qui imagina de transférer l'université de Pont-à-Mousson à Nancy, pour lui rendre son ancien lustre. Le prince renonça à ce projet sur l'avis de ses conseillers, et se borna à créer des chaires nouvelles et un jardin des plantes. Le duché possédait, outre l'Université, plusieurs bons collèges dans différentes villes. La Lorraine, grâce à ses établissements d'instruction et à la protection accordée par les ducs aux arts, a enfanté une foule d'illustrations en tous genres ; nous ne pouvons mentionner les architectes, les peintres, les sculpteurs, les historiens, les poètes célèbres, nous dirons que ces derniers ne se bornèrent pas à la composition de leurs œuvres dramatiques, ils les firent représenter.

Outre les tournois et les carrousels qui nécessitèrent la création de la place Carrière pour leur exécution, Nancy vit dès le moyen-âge des représentations théâtrales. Les résidences ducales et les principales villes possédaient des théâtres; Nancy avait une salle d'opéra; nos ancêtres, dit la chronique, goûtaient beaucoup ces divertissements de l'esprit.

La maison de Lorraine, si jalouse de faire régner la prospérité dans ses États, donnait l'exemple de la grandeur à ses sujets. La Cour de Nancy a toujours passé pour une des plus brillantes de l'Europe. Elle comptait de grandes charges, gardes, gentilshommes, pages et une suite nombreuse. Les ducs déployaient un grand luxe dans les cérémonies; la vie de famille, par exemple, était simple et sans étiquette; le palais ouvert à tous. Les souverains ne croyaient pas déroger en s'associant au peuple dans les réjouissances. Ducs et administrés ne faisaient qu'une famille. Ces qualités patriarcales de la maison de Lorraine sont toujours pratiquées par elle en Autriche, elles constituent les bases de l'union et de la prospérité de cet empire.

DUCS DE LORRAINE

GÉRARD D'ALSACE

1040-1070

Gérard monta sur le trône en vertu de l'investiture de l'empereur et de la chevalerie lorraine. L'évènement saillant de son règne est la répression des brigandages des nobles. Nancy n'était alors qu'un château-fort entouré de marais.

THIERRY

1070 - 1115

Thierry fit valider son élévation au trône par la chevalerie, afin d'assurer la légitimité de ses droits contre Louis de Montbéliard, revendiquant le duché du chef de sa femme. Ce prince, après avoir pris une part active à la lutte du pape et de l'empereur sur la question des investitures, songea à s'enrôler aux croisades ; mais ne trouvant pas sa famille assez consolidée sur le trône, il renonça à ce projet, se bornant de dépêcher des chevaliers à la défense des Lieux-Saints. Thierry érigea le comté de Vaudémont en apanage en faveur de son frère. Ce comté, comprenant soixante communes, embarras incessant pour les ducs pendant toute son existence, est rentré au duché sous René II. Thierry avait épousé Gertrude, comtesse de Flandre.

Ce duc a fondé, en 1100, le prieuré de Notre-Dame, sur le territoire de Saint-Dizier (rues des États et de Guise). La première paroisse de la ville vieille a été érigée en l'église de ce monastère.

SIMON Ier

1115 - 1139

Les principaux évènements de ce règne consistent dans les guerres soutenues par Simon pour s'emparer des États de ses voisins et dans son alliance avec l'empereur Lothaire pour défendre la papauté contre les attaques de Roger, roi de Sicile. Simon mourut au retour de cette expédition.

MATHIEU

1139 - 1174

Ce prince débuta par commettre des exactions contre les monastères, notamment contre celui de Remiremont. Excommunié par le pape Adrien IV pour ce motif, il tint depuis une conduite opposée, car il fonda l'abbaye de Clairlieu.

Mathieu créa Nancy ; cette ville n'était jusqu'alors qu'un simple castel environné de prairies, propriété d'une branche cadette de la maison d'Alsace, que le duc réunit au domaine ducal par un échange avec la terre de Lenoncourt. Après cet agrandissement des dépendances du château, le duc y résida toujours. Ce séjour attira un certain nombre d'habitants près de la demeure ducale. Telle est l'origine de Nancy.

SIMON II

1173 - 1206

Malgré la transmission du trône depuis un siècle dans sa famille, Simon fut obligé, pour pouvoir régner, de signer à Gondreville un acte par lequel il reconnaissait tenir ses Etats du choix de la noblesse. Les évènements saillants de son règne consistent dans sa lutte avec son frère Ferry, mécontent de son apanage de la Lorraine allemande. Ce différend se termina par l'abdication de Simon en faveur de son frère.

FERRY I

1206 – 1206

Ce prince, avide de régner, une fois maître du pouvoir, abdiqua en faveur de son fils, Ferry II.

FERRY II

1206 – 1213

Ferry, marié à la fille du comte de Bar devait son avènement au trône à l'influence de son beau-père; une fois proclamé duc, il se hâta d'en secouer la tutelle. Le comte de Bar, indigné du peu de reconnaissance de son gendre, lui déclara la guerre et le fit prisonnier. Ferry ne recouvra sa liberté que moyennant une forte rançon. Le duc mourut à Nancy, laissant son duché agrandi de plusieurs seigneuries, entre autres de Longwy et de Stenay.

THIÉBAUT I

1218-1220

Ce prince, le plus beau de son temps, marié à Gertrude, fille du comte de Dagsbourg, se mêla aux querelles de l'empereur Othon et de Philippe

Auguste, intervention qu'il paya par une assez longue captivité en Allemagne. Thiébaut, indigné de la vie scandaleuse de son oncle. le prince Mathieu, évêque de Toul, le tua.

Ce duc a tracé la place des Dames entourée de maisons à arcades. Le marché s'y tint jusqu'en 1600.

MATHIEU II

1220-1251

Le règne de Mathieu, marié à la duchesse Catherine de Limbourg, fut marqué par une série de luttes extérieures contre les comtes de Champagne et par des querelles intérieures avec les comtes de Lunéville, de Blâmont et de Salm; ces dernières terminées par la réunion de ces terres au duché.

Le pays ayant éprouvé de vives souffrances par ces guerres, le duc chercha dès lors à en panser les plaies. Il dota en 1231 Neufchâteau d'échevins. Il créa les tabellions ou notaires en 1232.

Nancy, qui ne comprenait jusqu'alors que le vieux château et la place des Dames, reçut sous ce règne les agrandissements suivants. La place Saint-Epvre agrandie et embellie plus tard par

René II qui y établit le marché aux poissons qui s'y est tenu jusqu'en 1731.

Le tracé de cette place nécessita le percement :

1° de la rue du Maure-qui-Trompe, depuis la place Saint-Epvre jusqu'à la rue Saint-Antoine,

2° La rue de la Cour ;

3° La rue du Four-Sacré, ancien marché aux grenouilles, comprenant la partie de la rue Saint-Michel, de la Grand-Rue à celle du Point-du-Jour ;

4° La rue du Point-du-Jour ;

5° La rue de la Boucherie, ainsi dénommée à cause des boucheries ;

6° Rue de la Charité, ainsi appelée à cause de la maison de Charité tenue par les sœurs de Saint-Vincent-de-Paul ;

7° La rue des Dames ;

8° La partie de la rue Ville-Vieille comprise entre la rue des Maréchaux et la petite place Carrière.

FERRY III

1251-1303

Ferry, marié à Marguerite, fille de Thiébaut, comte de Champagne, débuta par une déclaration de guerre à l'Évêque de Metz pour des réclamations d'argent que ce prélat ne payait pas et dont le duc se remboursa par le pillage des domaines épiscopaux.

Ferry continua l'œuvre de l'affranchissement des communes commencée par son père; la chevalerie, irritée de cette mesure défavorable à sa puissance, s'en vengea en faisant enlever et enfermer le duc au château de Maxéville. Le français devint la langue usuelle en Lorraine à partir de ce règne. Le duché, grâce à la bonne administration du prince, fut très-prospère.

Ferry agrandit Nancy de la rue du Cheval-Blanc, de la rue Callot, de la rue Lafayette, de la rue de la Monnaie jusqu'à l'impasse du Bon-Pays.

Un bourgeois de Nancy, nommé Jean-le-Jaloux, fonda, avec la permission du prince, un couvent de Dominicaines dans une dépendance du palais ducal.

THIÉBAUT II

1303-1312

Au règne de Thiébaut, marié à Isabelle, fille du comte de Rumigny remontent les rapports intimes des maisons de France et de Lorraine, ainsi que le prouve la présence du duc avec Philippe-le-Bel au sacre du pape Clément à Lyon. Thiébaut continua la lutte de ses pères contre la chevalerie ; il s'occupa avec soin de l'administration de ses états ; il régla notamment la question de l'hérédité dans sa famille.

Le duc ordonna l'érection de la paroisse Saint-Epvre, qui fut gérée par les chanoine de Saint-Georges après la fondation de ce chapitre. La première église Saint-Epvre a duré jusqu'en 1401.

FERRY III

1312 - 1328.

Sous le règne de ce prince, marié à Isabelle d'Autriche, des maux de toutes sortes accablèrent la Lorraine : tremblements de terre, famines, luttes avec l'Allemagne et la Flandre. Ce prince mourut sous les murs de Cassel.

Nancy s'agrandit sous Ferry de la rue des Maréchaux et d'une partie de la rue de la Source.

RAOUL

1328 - 1346

Raoul, marié d'abord à Eléonore, comtesse de Bar, puis à Marie de Blois, nièce du roi de France, mena une vie très aventureuse. On le trouve d'abord défendant le roi de France contre le roi d'Angleterre, Edouard III; combattant ensuite en Espagne, en Bretagne. Raoul mourut à la journée de Crécy. Ce prince, de mœurs légères, est célèbre par ses amours avec Alix de Champagne. Les négociants créèrent à cette époque la confrérie de Saint-Georges, dont les conseillers jugeaient sommairement les litiges commerciaux.

Nancy s'agrandit, sous ce règne, de la partie de la rue Ville-Vieille comprise entre la petite place Carrière et le couvent des Cordeliers.

On commença aussi à cette époque le pavage des rues, le second Palais ducal, l'hôpital Saint-Julien, fondé en 1335 par un prêtre nommé Varnier, à l'angle des rues Ville-Vieille et Saint-Antoine, et transféré en 1588 sur l'emplacement actuel.

Raoul est le fondateur de la collégiale de Saint-George, pourvue, en vertu d'une chartre approuvée en 1339 par l'évêque de Toul, de nombreux privilèges, notamment celui de recevoir le serment des ducs à leur avènement. L'église Saint-George était un monument peu remarquable.

JEAN Ier

1342 - 1390

Jean monta sur le trône à l'âge de six mois,

sous la tutelle de sa mère. A sa majorité, arrivée en 1360, il continua la vie guerrière de ses pères. Les évènements saillants de son règne sont des expéditions contre les peuples du Nord et en Bretagne, où il fut fait prisonnier au combat d'Auray; sa lutte contre les routiers, bandes de pillards bretons. Jean apporta un grand soin à faire cesser une maladie endémique régnante parmi les habitants, appelée danse de Saint-Guy, et qui les portait à danser dans les rues. Au règne de Jean remonte l'érection du comté de Bar en duché. Ce prince octroya les premières lettres d'ennoblissement et créa un ordre de chevalerie. Jean se ressentit toute sa vie des suites d'un empoisonnement tenté sur lui à 36 ans.

Ce prince, en reculant les remparts au nord de la ville, créa les rues du Haut et du Petit-Bourgeois; prolongea la rue Ville-Vieille depuis le Palais ducal jusqu'à la porte de la Craffe. Jean ajouta des travaux de défense aux fortifications; on lui doit notamment les tours Notre-Dame et la porte Saint-Nicolas, située à l'extrémité méridionale de la rue Ville-Vieille. De ce règne datent aussi les faubourgs Saint-Jean et Saint-Nicolas, — rue des Dominicains, — bâtis par les habitants qui ne trouvaient plus à se loger dans l'intérieur de la ville; la chapelle

Saint-Michel, construite, rue de ce nom, par Jean de Nancy, pour une collégiale de quatre chanoines.

CHARLES II

1390-1431

Charles II, marié à Marguerite, fille de l'empereur Robert III, se montra un prince belliqueux. On le vit combattre à Tunis en 1391, à Carthage, en Allemagne, en Hongrie, en Turquie, pendant dix ans. Forcé de revenir en Lorraine par la peste et la famine qui la ravageaient, il resta quelque temps tranquille, mais il reprit bientôt la vie guerrière. On le retrouve en effet en France, mêlé aux démêlés du frère de Charles VI avec le duc de Bourgogne, assistant au concile de Constance, convoqué pour ramener la paix dans l'Église déchirée par la compétition de trois papes, il y vota pour le pape Martin V.

Nommé peu après connétable de France par la reine Isabelle pour l'aider à pacifier ses États, il ne garda cette charge que six mois, rappelé en Lorraine par l'ouverture de la succession du duc de Bar dont il convoitait les domaines. Pour les assurer à sa famille, il maria sa fille Isabelle à René d'Anjou, neveu et héritier du dernier duc.

Charles reçut à sa cour Jeanne d'Arc, venant

le prier de l'aider à délivrer la France du joug de l'Anglais. Le duc l'accueillit bien, mais il se borna, à cause de son grand âge, à envoyer René Ier, avec des lances lorraines, protéger le sacre du roi à Reims.

De ce règne datent la partie haute de la rue Saint-Michel, les rues Derrière et des Etats, et d'une partie de la rue de la Source.

Charles est le fondateur et le bienfaiteur de l'hôpital Notre-Dame, destiné aux pauvre passants et établi rue des Dominicains. Cet hospice fut confié aux sœurs grises, qui, après la destruction de la maison par un incendie et la dispersion des revenus par la guerre, obtinrent l'autorisation de rester en communauté avec charge de visiter les malades à domicile.

RENÉ Ier

1431 - 1453

Les premières années de ce règne furent troublées par deux guerres, l'une avec Antoine de Vaudémont, oncle de René, jaloux de voir son neveu régner à sa place ; l'autre avec les Bourguignons, terminée malheureusement par la captivité du duc à Dijon, circonstance qui suspendit sa querelle avec Antoine jusqu'à sa sortie de prison, à laquelle travailla sans relâche la duchesse régente avec Erard du Châtelet. Le duc ne recouvra sa liberté qu'à deux conditions : 1° paiement d'une forte rançon; 2° mariage de sa fille Iolande avec Ferry, fils du comte de Vaudémont. Celui-ci, mécontent de ce traité, qui assurait le duché à son fils, mais mettait fin à ses prétentions personnelles, pressa le duc de Bourgogne de demander à René le paiement de sa rançon ou sa rentrée en prison. René n'ayant pas d'argent se constitua prisonnier

Pendant cette seconde captivité, René acquit les titres de duc d'Anjou, de Provence et de roi de Naples, par les décès de son frère et de la reine Jeanne; afin de pouvoir recueillir ces héritages, il chercha à sortir de prison; il y parvint en 1437, moyennant le paiement de 400,000 francs en or et la cession de la Flandre à Philippe de Bourgogne. Rendu à la liberté, René régla les affaires du duché puis il s'embarqua pour Naples le 9 mai 1438; il y resta quatre ans, dépensés vainement à conquérir ce pays. Rappelé alors en Lorraine par une révolte nouvelle du duc de Vaudémont et des ravages de brigands, René vainquit ces deux ennemis avec l'aide du roi de France, Charles VII.

Le duc, tranquille pour la première fois depuis son avènement au trône, consacra son temps à la culture des arts, à des fêtes somptueuses, interrompues, hélas ! par la mort de la duchesse, arrivée le 14 février 1453. René abandonna, après son veuvage, le gouvernement du duché à son fils, ne gardant pour lui que Bar, son apanage personnel.

Ce prince, accablé par le chagrin de la mort de sa femme et de celle de plusieurs enfants, trouvant la vie trop triste, épousa une jolie provençale qui ne le rendit pas heureux.

En 1436, Jean de Ville, curé de Saint-Epvre, rebâtit Saint-Epvre. Cet édifice, terminé en 1451, n'offrait de remarquable qu'une cène de Drouin en marbre blanc : La tour carrée de l'église, renfermant une belle sonnerie, était d'une construction plus récente.

JEAN II

1453 - 1470

Jean, marié à Marie de Bourbon, entreprit, après son avènement, deux expéditions pour reconquérir le royaume de Naples. Abandonné par des alliés sur lesquels il comptait, notamment par Louis XI, il échoua dans sa tentative. Le duc, irrité de cette perfidie du roi, entra dans la ligue du bien public organisée contre ce monarque ; mais celui-ci ayant renoncé à la suzeraineté de la France sur les villes lorraines. Jean s'en retira.

Il partit alors en Catalogne, disputer le trône de ce royaume à Jean de Calabre, détrôné par ses sujets mécontents. Après plusieurs victoires, promettant le succès de cette entreprise, le prince mourut.

NICOLAS

1470 - 1475

Nicolas, qui se trouvait aussi en Espagne à la mort de son père, revint en toute hâte en Lorraine prendre possession du trône, et faire son entrée à Nancy. Après des négociations infructueuses pour contracter un traité d'alliance avec Louis XI, il en signa un avec Charles le Téméraire, capable de le soutenir contre une attaque du roi de France, mu aussi par l'espoir d'épouser Marie de Bourgogne et de réunir par cette union, sous son sceptre, un Etat s'étendant de la mer du Nord à la Méditerranée. Après une campagne entreprise en Picardie par les deux alliés, le désaccord éclata entre eux et ils rompirent leur union. Nicolas revint alors en Lorraine se livrer aux plaisirs et à l'amour. Il mourut le 27 juillet 1475.

RENÉ II

1473 - 1508

René, marié d'abord à Jeanne d'Harcourt, répudiée pour cause de stérilité, puis à Philippe de Gueldres, qui le rendit père de douze enfants, compte parmi les plus grands de nos ducs à cause de ses succès sur Charles le Téméraire, qui le firent considérer comme le sauveur de la Lorraine.

Ses prétentions au trône, fondées seulement sur les droits qu'il détenait de sa mère, Iolande, fille de Ferry, et contestés par plusieurs concurrents, rendaient son avènement douteux, aussi s'empressa-t-il de faire constater ses droits par la chevalerie.

La position géographique de la Lorraine forçait René de prendre couleur dans la lutte de Louis XI et du Bourguignon. Le Duc, que ses intérêts et son inclination portaient vers la France, après bien des hésitations motivées à raison de l'ambition et de la perfidie du roi, d'une part, de la puissance de Charles d'un autre côté, contracta une alliance avec celui-ci. Louis XI, irrité de cette union, travailla à la rompre. Il engagea les évêques de Bâle et de Strasbourg, les cantons suisses ligués contre le Téméraire, à rallier René à leur cause. Ce prince agréa en effet leurs propositions et redevint, par cette détermination, l'allié de Louis XI. Comptant sur l'appui de ces princes, il déclara alors la guerre à Charles. Les premières hostilités furent favorables aux Lorrains ; mais Louis XI ayant rappelé ses troupes par perfidie, les Bourguignons, commandés par le comte de Campo-Basso, s'emparèrent de toute la Lorraine. Nancy succomba par famine, après un siège de trois mois. Une circonstance heureuse sauva le duché : les Suisses, irrités des exactions exercées dans leurs cantons par les lieutenants de Charles, armèrent en masse, et avec l'aide de René et de ses soldats, accourus pour les soutenir, infligèrent au Bourguignon deux sanglantes défaites, à Morat et à Grandson.

René, profitant de l'embarras de Charles, revint en hâte en Lorraine rallier le peuple fatigué du joug étranger et reprendre Nancy. Le Téméraire, à la nouvelle de ce succès, rentra dans le duché, battit René, accouru pour lui barrer le passage, et assiégea Nancy, qui soutint un siège de trois mois malgré les souffrances de la famine. Pendant ce temps, le prince lorrain, ayant réuni une armée de Suisses et d'Allemands, arriva devant sa capitale, le 4 janvier 1477, pour la délivrer. Les généraux de Charles lui conseillaient de lever le siège à cause du froid, mais ce prince audacieux ordonna le combat. René remporta la victoire, puis rentra triomphant à Nancy. On trouva, le lendemain de la bataille, le corps de Charles percé d'un coup de lance. Le duc de Lorraine le fit porter en ville et enterrer en grande pompe à Saint-Georges. René récompensa tous ses soutiens, la chevalerie par la confirmation de ses privilèges, les bourgeois de Nancy par des exemptions d'impôts, ses soldats et ses alliés par de l'argent.

Ce prince voulut, pour s'indemniser de ses frais de guerre, prendre une partie des Etats de Charles ; Louis XI, non-seulement s'y opposa, mais chercha aussi à lui ravir l'héritage du Barrois où régnait encore le vieux duc René 1er. Ce souverain prit alors toutes ses mesures pour l'assurer à son petit-fils, René II.

Le duc soutint encore d'autres guerres, notamment en Italie, pour reconquérir son royaume de Naples ; en Lorraine, contre les évêques de Metz et de Toul, pour s'emparer de leurs domaines, tentatives avortées dont il ne tira d'autre profit que la concession de lever certains impôts dans les deux évêchés.

René fût obligé, pour solder ses frais de guerre et ses dépenses d'embellissements de Nancy, de demander aux états généraux la levée d'impôts extraordinaires, entre autres une taxe de deux francs par feu.

Un des grands actes de ce prince est la rédaction de son testament, réglant d'abord l'hérédité dans sa famille, puis défendant l'érection d'apanages en faveur des cadets de la maison, pour maintenir l'intégralité du duché. René mourut au château de Fains, à l'âge de 59 ans. Sa veuve se retira aux Claristes de Pont-à-Mousson.

René a beaucoup travaillé à l'agrandissement de Nancy, d'abord en le transformant de simple forteresse en une place de guerre capable de se défendre contre le canon.

Le duc acheta, en 1477, une hôtellerie appelée la Licorne, située Grande-Rue, près le Palais ducal, il la démolit pour faire bâtir à la place le couvent et l'église des Cordeliers, terminés seulement en 1484. On lui doit aussi la construction du pont de Malzéville en 1499, la chapelle primitive de Bonsecours, agrandie en 1629 par les Minimes, d'une nef de 60 pieds de long sur 30 de large. Stanislas a bâti l'église actuelle.

Ce prince a commencé en 1502 un nouveau Palais ducal agrandi par ses successeurs.

Il a ouvert les rues de l'Opéra et des Cordeliers.

ANTOINE

1503 - 1544

Antoine fut élevé à la cour du roi Louis XII, dont les sages leçons lui inculquèrent les qualités qui lui méritèrent le titre de Bon.

Le mariage du duc avec la princesse René de Bourbon, fille du Connétable, sa reconnaissance envers le roi pour la bonté qu'il lui avait témoignée dans son enfance, l'attirèrent toujours vers la France. Cette affection ne lui faisait pas perdre de vue les intérêts du duché. Il parvint notamment à assurer la neutralité de ses Etats dans les grandes luttes de François Ier et de Charles-Quint.

Antoine, doué d'une prudence extrême, se tira avec adresse de toutes les situations épineuses. Attaqué par les Rustauds ou protestants allemands qui voulaient répandre en Lorraine les doctrines de Luther, il les battit à Saverne, à Molsheim, victoires chantées par Laurent Pillard dans son poème de la Rusticiade. Il défendit ensuite l'exercice du nouveau culte dans ses Etats par des ordonnances sévères validées par les états généraux de 1539.

Antoine ambitionnait de délivrer la Lorraine

des liens de vassalité qui l'unissaient à l'empire, il y réussit par la signature du traité de Nuremberg, reconnaissant l'indépendance du duché, moyennant la redevance d'une petite contribution annuelle à la caisse impériale. Il mourut au château de Bar en 1544. Sa mort fut un deuil public.

Nancy lui doit des améliorations aux remparts, des agrandissements au Palais ducal, notamment l'aile droite ou galerie des Cerfs, remarquable surtout par sa porterie surmontée d'une niche contenant la statue équestre du duc.

FRANÇOIS Ier

1544 - 1545

Héritier des vertus de son père, il aurait rendu son peuple heureux, malheureusement sa mort fut prématurée.

CHARLES III

1545-1608

Charles, encore enfant, succéda à François Ier, sous la tutelle de sa mère, Christine de Danemarck, à l'époque des grandes luttes de François I" et de Charles-Quint. Le roi de France voulant porter un coup mortel à son rival, déjà à demi-vaincu, envoya ses généraux sur le Rhin avec ordre d'occuper la Lorraine pour se ménager une retraite en cas de revers. Christine, trop faible pour s'opposer à cette mesure, dont elle ne pouvait supporter l'humiliation, se retira dans les Pays-Bas où elle resta jusqu'en 1548. Louis XII voulant s'assurer un gage plus sûr que la possession du pays, emmena le jeune duc à Paris pour le faire élever avec ses enfants. Il fut tellement frappé de ses bonnes dispositions à recevoir ses leçons, qu'il lui donna sa fille Claude en mariage.

Charles, après cette union, conduisit sa jeune épouse visiter sa mère, puis se rendit en Lorraine faire son entrée à Nancy. Le duc ne voulant pas se soumettre à la formalité du serment traditionnel de respecter les règles de la chevalerie, séjourna peu de temps dans le duché. Comprenant enfin, en 1562, la nécessité de prendre en main l'administration de ses Etats, et n'ayant pas d'argent pour exécuter de grands travaux projetés, ils assembla les états généraux, qui ne votèrent les subsides demandés qu'après la prestation du serment.

A part une invasion, aussitôt réprimée, des luthériens allemands, qui voulaient s'emparer du pays pour communiquer avec les calvinistes de France, et les armements de Charles pour soutenir, avec l'appui de la Ligue, sa candidature au trône de France à la mort d'Henry III, prétention abandonnée par le traité signé en 1591 avec Henry IV, le règne de Charles fut pacifique. Il se consacra exclusivement à faire régner la prospérité dans ses Etats. Le peuple, en reconnaissance, le proclama Grand, titre justifié par ses œuvres. Charles fit rentrer à la couronne les domaines usurpés pendant sa minorité, il agrandit le duché des comtés de Bitche et de Phalsbourg, il remit les villes en état de défense, il organisa l'armée permanente. Un de ses grands mérites est la publication d'un recueil de coutumes et ordonnances lorraines et la création de la cour souveraine de Saint-Mihiel. On doit encore à Charles l'introduction du calendrier grégorien en Lorraine, la fondation d'hospices nombreux, des lois contre le duel, la prostitution, et la vente des bénéfices ecclésiastiques, l'Université de Pont-à-Mousson, l'introduction d'ordres monastiques, entre autres des Jésuites, appelés pour instruire le peuple sur les vérités de la religion et le prémunir contre les prédications des doctrines nouvelles.

Prince économe, il pourvut à toutes ses dépenses sans endetter le Trésor. Tombé malade en 1608 et se sentant en danger de mort, il appela son fils près de sa couche pour lui donner des conseils empreints de sagesse. La Lorraine entière le pleura. Une seule tache ternit sa mémoire, sa guerre aux sorciers ! Mais il subissait les préjugés du temps en commettant cette faute.

Charles III a restauré la Ville-Vieille et créé la Ville-Neuve.

Les remparts de la Ville-Vieille ne se composaient que d'ouvrages construits successivement, sans plan d'ensemble. Charles les rasa et les reconstruisit sur un plan plus vaste. On créa alors la place Carrière, la rue des Ecuries, régnant derrière les hôtels du côté oriental de cette place, la rue du Bon-Pays, la rue de Guise.

Les fortifications nouvelles, terminées en 1614 et tracées pour correspondre à celles de la Ville-Neuve, enfermaient la Ville-Vieille entre huit bastions reliés par huit courtines. Charles construisit aussi la manutention et l'arsenal.

Le duc, après avoir résolu de créer la Ville-Neuve, acheta, pour cause d'utilité publique, les terrains nécessaires pour l'exécution de ce grand travail. Il chargea ensuite deux ingénieurs italiens de dresser le plan des fortifications et de tracer les rues.

Il confia ces travaux à Nicolas Marchal, entrepreneur, pour 4 millions. Les remparts, commencés en 1590, furent terminés en 1622. Ils ne comprenaient d'abord que six bastions reliés par des courtines dessinant le tracé suivant : ils partaient du milieu de la rue Sainte-Catherine pour aboutir à l'angle des rues Didion et Jeannot ; ils passaient ensuite derrière le couvent des Capucins, gagnaient l'extrémité de la rue des Quatre-Eglises ; de là ils allaient, en coupant les rues Saint-Tiébaut et de la Poissonnerie, rejoindre par un contour le bastion des Michottes. Cette enceinte ne comptait que les deux portes Saint-Jean et Saint-Nicolas.

Les rues furent tracées au cordeau, excepté celle de Saint-Nicolas qui existait comme faubourg et que l'on conserva pour éviter la dépense.

On créa sept rues du nord au midi :

1° Rue Saint-Nicolas, comprenant les rues actuelles de Saint-Nicolas, du Pont-Moujea et des Dominicains ;

2° Rue Saint-Dizier ;

3° Rue des Quatre-Eglises ;

4° Rue des Ponts ;

5° Rue Notre-Dame ;

6° Rue des Artisans ;

7° Rue de l'Equitation, n'ayant des maisons que du côté oriental, les remparts formant l'autre côté. Outre ces grandes voies, on en comptait deux autres secondaires : 1° la ruelle des Capucins, partant de la rue de la Hache et régnant entre le faubourg Saint-Nicolas et la rue Saint-Dizier ; 2° la rue Saint-Julien.

Les rues transversales étaient au nombre de cinq : 1° la rue Saint-Jean ou de la Poissonnerie, dont le côté méridional était seul bâti ; l'autre n'ayant été édifié qu'en 1715, à la suppression de l'Esplanade ; 2° la rue du Moulin, aujourd'hui Saint-Jean et Saint-Georges ; 3° la rue Saint-Jacques, actuellement Saint-Thiébaut, allant de la rue des Ponts à celle de l'Equitation et prolongée plus tard jusqu'au moulin ; 4° la rue de la Fayencerie ; 5° la rue Neuve, aujourd'hui de la Hache ; 6° la rue Charles III ; 7° la rue de la Salpétrière.

La Ville-Neuve comptait quatre places : 1° la place du Marché ; 2° la place Saint-Julien, occupant l'espace compris entre l'hospice Saint-Julien et les remparts sud de la Carrière ; 3° la place de la Licorne, occupant les carrés de maisons compris aujourd'hui entre les rues de la Poissonnerie et Stanislas.

Charles trouvant en 1605 l'enceinte de la ville trop étroite, ordonna de reculer les remparts à l'est jusqu'à la porte Saint-Georges, et dès 1611 on traça les rues des Tiercelins, Bailly, les deux rues des Chanoines et la place Saint-Georges.

Charles commença le pavage des rues en 1612; voici la nomenclature des premiers monuments de la ville neuve :

Le couvent des sœurs grises, rue des Dominicains.

Les Capucins, rue Saint-Dizier, fondés par le grand cardinal de Lorraine. L'église bâtie en 1615, au fond d'une cour, a servi à la paroisse Saint-Nicolas de 1731 à 1771. Léopold a restauré ce couvent.

La maison des Jésuites fut établie à Nancy en 1602, rue Saint-Dizier, par le cardinal Antoine de Lenoncourt. Léopold a reconstruit ce couvent et l'a agrandi d'une maison de retraite placée à côté de la porte Saint-Nicolas. L'église, très belle, a été édifiée en 1602. Après l'expulsion des Jésuites, en 1768, on plaça dans cette maison les cours de l'université de Pont-à-Mousson, transférée à Nancy, et le collège situé auparavant rue Saint-Jean. Charles bâtit un jeu de mail dans le carré du refuge.

La paroisse Saint-Sébastien, érigée en 1593, eut d'abord pour église la première primatiale, rue des Ponts. Cette église a été démolie en 1719 pour construire l'édifice actuel, terminé en 1731.

Les Minimes, fondés en 1592 par Messire de Bassompierre, grand-maître de l'artillerie de

Charles III. Le duc Henry reconstruisit le couvent et éleva l'église, monument remarquable par les tombeaux qu'elle renfermait.

On créa, en 1508, rue Saint-Jean, une batterie de cuivre et une manufacture de soie.

Charles acheta l'hôtel du sieur Vincent et l'agrandit pour loger l'Hôtel-de-Ville. On a démoli cet édifice en 1752 pour créer la place Mangin.

On ouvrit un cimetière à l'angle des rues Saint-Dizier et de la Poissonnerie. Les habitants, possesseurs des terrains compris entre les nouvelles rues, bâtirent ou cédèrent leurs droits moyennant des cens. La rue des Artisans compta la première le plus grand nombre de maisons et d'habitants.

HENRY II

1608-1624

Henry, pénétré des principes de Charles III, s'attacha à faire jouir ses Etats des bienfaits de la paix; sa réputation de droiture, qui lui acquit l'estime de tous les souverains du temps, lui permit de réaliser ce vœu. Le roi de France qui connaissait surtout les qualités d'Henry, voulait marier le Dauphin avec Nicole, héritière présomptive du duché; ce mariage aurait assuré la réunion de la Lorraine à la France. La rupture de ce projet, due à la mort du roi, n'altéra pas pourtant l'amitié qui unissait les deux familles, car le prince de Vaudémont, frère d'Henry, envoya son fils faire ses premières armes à la cour de Louis XIII. Ce jeune duc désirait la main de Nicole afin d'hériter du trône, mais la princesse et son père le détestaient, ils lui préféraient un bâtard de la maison de Guise. Toutes les démarches de Charles pour gagner le cœur de sa cousine échouèrent. Grâce à des influences puissantes, aux instances des états généraux, l'antipathie d'Henry pour son neveu diminua et le mariage de Charles avec Nicole fut célébré le 22 mai 1621. La clause principale du contrat portait que les époux gouverneraient ensemble et frapperaient les monnaies sous leur double effigie. Henry, surnommé le Bon, miné par le chagrin du mariage de sa fille, mourut en 1624.

Ce prince perfectionna les défenses de la ville, notamment par la construction du fort de Buthenémont. Parmi les embellissements accomplis sous son règne, nous devons mentionner : le Palais primatial, bâti sur la place de la Cathédrale, par le primat Antoine de Lenoncourt; reconstruit en 1742 par le cardinal de Choiseuil Beaupré.

Le couvent des Madelonettes, rue Saint-Joseph,

fondé en 1609 par la duchesse de Lorraine; ces sœurs ont été réunies en 1632 aux dames du refuge.

Le chapitre commença aussi en 1609, la construction de la deuxième primatiale dans le carré compris entre les rues Saint-Georges, Montesquieu et Saint-Julien. Le portail était tourné vers l'ouest.

En 1610, le duc Henry établit des boucheries sur le ruisseau de la ville, entre les rues des Ponts et Raugraff.

En 1610, les Minimes établirent une seconde maison de leur ordre près de Bonsecours.

Henry est le fondateur du collège de Nancy qui ne possédait jusqu'alors qu'une grande école. Les chaires en ont été occupées successivement par les Jésuites, les Bénédictins, les Dominicains, et les Chanoines-Réguliers. Cet établissement, situé rue Saint-Jean, entre les rues des Carmes et Saint-Dizier, possédait une belle église, bâtie en 1615 par M. des Porcelets, évêque de Toul. Elle a été érigée en paroisse sous le vocable de Saint-Roch, en 1731. Le collège a été transféré, en 1768, au noviciat des Jésuites.

En 1612, le duc permit, à la demande du même évêque, par lettres patentes, aux Carmes déchaussés de s'établir à Nancy. Ils se fixèrent d'abord rue des Quatre-Eglises, puis rue des Carmes; l'église renfermait beaucoup de sépultures. En 1616, les dames de la Congrégation fondée par la mère Alix Leclerc, sous l'inspiration du B. P. Fourier, bâtirent un monastère à côté de l'hôpital Saint-Julien, dont il fut séparé plus tard par l'ouverture de la rue de la Constitution.

Les Annonciades, dont le couvent comprenait le carré des rues Saint-Dizier, des Quatre-Eglises et de la Salpétrière, ont été fondées en 1616 par François de Frénel, capitaine des gardes du duc Henry.

Le duc donna aussi, en 1616, aux Bénédictins, le carré compris entre les rues des Ponts, Charles III et de l'Equitation, les impasses des Artisans et Notre-Dame. Léopold a reconstruit l'abbaye et bâti une magnifique église.

C'est encore au règne d'Henry II que remonte la création des premières Carmelites. Ces dames eurent différentes installations : d'abord rue des Quatre-Eglises, puis rue des Tiercelins, enfin rue des Quatre-Eglises, au coin de la rue Charles III. La chapelle de ce monastère, construite en forme de rotonde, était très-belle.

L'année 1620 vit s'établir à Nancy, rue des Quatre-Eglises, à l'angle de la rue Charles III, les Tiercelines, appelées par Charles de Bouvet, chambellan d'Henry, qui fonda aussi les Tiercelins, rue de ce nom, à l'angle de la rue Jeannot. De ce règne date aussi la Chapelle ducale.

CHARLES IV

1624-1675

Charles, en montant sur le trône, n'eut qu'une pensée, se soustraire à la clause de son contrat de mariage qui le forçait de partager le pouvoir avec Nicole. Pour arriver à ses fins, il fit d'abord voter par les Etats généraux l'application du testament de René II qui excluait les femmes du trône et élire par eux comme duc de Lorraine, son père, élection suivie immédiatement d'une abdication à son profit. Charles montait ainsi sur le trône en vertu de son droit personnel. Il invita alors la chevalerie et les souverains à le reconnaître à ce titre. Ces derniers répondirent favorablement à sa demande, à l'exception de la France. Charles, irrité de ce refus, résolut de s'en venger en s'alliant aux ennemis de Richelieu. Ce prince pouvait régner en paix en adoptant le système de neutralité de ses ayeux, mais sa légèreté, son irréflexion le perdirent. L'accueil qu'il fit à Nancy à la duchesse de Chevreuse et à Monsieur frère du roi, hostiles au cardinal, lui attirèrent la haine de ce ministre et celle de Louis XIII. Charles, s'attendant à être attaqué, leva une armée de 16,000 hommes, sous prétexte de se défendre contre l'empereur. Le roi ne croyant pas à ce motif d'armements et voulant prévenir le duc dans ses plans, vint assiéger Metz. Charles, surpris par cette agression imprévue, signa, pour sortir de cette situation périlleuse, le traité de Vic lui interdisant toute alliance avec les ennemis de la France et le forçant, en cas de guerre avec l'empire, de livrer passage aux troupes du roi. Celui-ci s'engageait de son côté à défendre le duché contre l'Allemagne. Peu de temps après la signature de ce traité, Charles reçut une ambassade de l'empereur, lui offrant son alliance pour l'engager à la rupture; enhardi par ces propositions, il leva une nouvelle armée; mais les Français entrèrent de nouveau en Lorraine, ils allaient s'emparer de Nancy quand Charles signa le traité de Liverdun pour sauver sa capitale.

Richelieu, lancé dans sa guerre d'abaissement de la maison d'Autriche, s'allia avec l'Angleterre et la Hollande pour l'accomplissement de ses desseins; puis, pour garantir l'armée française contre la perfidie de Charles IV, il ordonna à ses généraux de s'emparer de la Lorraine. Charles, ne pouvant s'opposer à l'exécution de cet ordre, se retira dans les Vosges après avoir chargé le cardinal François de négocier le retrait des troupes. Le ministre français ayant refusé, le cardinal signa le traité de Charmes, autorisant l'occupation de la Lorraine et livrant Nancy à la France. Le roi y entra le 24 septembre 1633.

Charles, irrité de cette situation et pensant sauver ses Etats, abdiqua le 19 janvier 1634 en faveur de son frère, le cardinal François. Celui-ci, pour légitimer son avènement au trône, épousa la princesse Claude, sœur de Nicole. La cour de France n'accepta pas cet expédient et elle ordonna aux troupes de les retenir prisonniers à Nancy pour les empêcher d'intriguer. Ils parvinrent pourtant à s'échapper pour se réfugier à Florence.

Richelieu, maître du duché, travailla à réparer les maux et les souffrances qui l'accablaient et à y faire reconnaître l'autorité du roi ; il créa notamment une cour souveraine chargée de rendre la justice au nom de Louis XIII.

Charles, pour parer à l'effet de cette mesure sur l'esprit des populations, créa une autre cour souveraine. Elle vécut errante jusqu'à la Petite-Paix de 1611.

Le duc, toujours à la tête d'une petite armée, rentra dans les Vosges tenter de reconquérir ses Etats ; mais après plusieurs échecs, il partit en Franche-Comté, laissant le duché de plus en plus misérable. Les malheureux Lorrains furent alors secourus par saint Vincent de Paul, qui leur distribua deux millions d'aumônes.

Richelieu, ayant à cette époque combiné un nouveau plan de politique, manifesta l'intention de traiter avec Charles, il chargea M. du Hallier de cette mission. Ce ne furent pas les avances de cet ambassadeur, mais la crainte d'une excommunication sollicitée par le cardinal contre le duc à cause de sa liaison avec la princesse de Cante-Croix qui décidèrent celui-ci à signer le traité de la Petite-Paix. Cette convention assurait Nancy et l'ouest de la Lorraine à la France, mais elle rendait au prince le reste du duché. Charles, rentré en possession de cette partie de ses Etats, au lieu de s'occuper de panser les plaies s'enrôla dans la ligue formée contre Richelieu par le comte de Soissons. Le duc et les conjurés étaient perdus. Heureusement Richelieu et Louis XIII moururent. Le duc Charles devait alors, pour sortir d'embarras, traiter avec la reine Anne et Mazarin, qui ne lui étaient point hostiles. Mais il n'y songea pas. Le nouveau ministre, continuateur de la politique de son prédécesseur, conseillé en outre par les généraux français, ordonna une occupation nouvelle de la Lorraine que la France garda par une clause du traité de Westphalie.

Charles, anéanti par cette spoliation, chercha une diversion à ses chagrins dans les plaisirs ; il ne profita même pas des embarras suscités à la cour par la Fronde pour reconquérir sérieusement ses Etats. Il se contenta d'envoyer le comte de Ligniville à la tête d'une poignée d'hommes faire une diversion dans les Vosges, tandis qu'il conduisait le gros de son armée en Belgique où il passa son temps à critiquer le Gouvernement espagnol qui, las de ses agissements, l'enferma dans une citadelle. A part l'infortunée princesse Nicole, morte en 1587, personne ne protesta contre cet acte arbitraire qui ravit à Charles sa liberté pendant cinq ans.

A sa sortie de prison, après la paix des Pyrénées, il obtint cependant la restitution de la Lorraine et du Barrois, sous condition de foi et hommage pour cette seconde province. Remis en possession de ses Etats, le duc s'occupa pourtant d'en réparer les maux. Il créa deux cours souveraines à Nancy et Saint-Mihiel, et une cour des comptes.

La noblesse, de son côté, croyant au retour du duc à la raison, et voulant mettre un frein à son esprit aventureux, réclama ses anciens privilèges, mais vainement.

Ce prince n'avait pas encore mis le comble à ses extravagances ; irrité contre son neveu, héritier de la couronne, de ce qu'il s'était porté son concurrent à la main de Marie Mancini, lorsqu'il songeait lui-même à l'épouser, il signa le 6 février 1622 le traité de Montmartre qui donnait la Lorraine, à sa mort, au roi de France, moyennant une rente de 300,000 francs en or au prince de Vaudémont, son fils naturel ; en outre, il remettait Marsal à la France comme gage de ce traité.

Les princes lorrains, la cour souveraine, la nation, atterrés à cette nouvelle, protestèrent. Charles lui-même, repentant de son coup de tête, réclama. Le roi ne voulant pas profiter de la démence du duc, signa de nouveau avec lui le traité de Marsal, aux termes duquel il gardait cette ville, mais rendait la Lorraine à Charles. Après cet arrangement, le duc fit son entrée solennelle à Nancy où il rencontra Isabelle de Ludres dont il s'éprit. Il l'aurait épousée sans l'opposition de la princesse de Cante-Croix, morte peu après. Charles, à l'âge de 63 ans, épousa mademoiselle d'Apremont, âgée de 14 ans. Incorrigible, au lieu de vivre tranquille, il réunit son armée pour courir de nouvelles aventures. Aussi, le roi, ennuyé, envoya le maréchal de Créqui en Lorraine, à la tête de 25,000 hommes, forcer le duc de licencier ses troupes et conquérir le duché pour le réunir à la France. Il rétablit à cet effet les fortifications des villes, installa une administration française malgré les protestations des souverains qui s'intéressaient encore à notre duché. Charles, infatigable malgré son grand âge, forma alors entre l'Espagne, l'Empire et la Hollande la ligue de la Haye, pour reconquérir ses Etats. Après s'être distingué dans les campagnes de 1674 et 1775, notamment au combat de Consuabruch, il mourut le 18 septembre 1585, à 72 ans.

La vie de Charles fut un contraste d'inconduite et de pratiques chrétiennes, ses intrigues amoureuses et ses fondations pieuses le prouvent. On doit à ce prince :

Le couvent des dames du Saint-Sacrement, fondé par la princesse Catherine, d'abord rue Charles III, transféré rue Saint-Dizier.

L'hôpital Saint-Charles, destiné à recevoir les malades et trois cents enfants pauvres. Cet hospice, établi, rue Saint-Jean, dans une propriété donnée par M. de Stainville, était dirigé par les sœurs de Saint-Charles, créées en 1679.

La Maison de Secours, établie en 1629 par madame Dubois, née de Ranfaing, pour les filles libertines abandonnées. Cette maison, d'abord installée rue des Capucins, fut transférée plus tard sur l'emplacement actuel.

Charles IV créa le Mont-de-Piété en 1630.

La princesse Nicole obtint en 1632, du duc, l'établissement d'une maison de l'ordre de la Visitation, à l'angle des rues des Ponts et de la Poissonnerie. Ces dames, très pauvres à leur arrivée, parvinrent, grâce à une grande économie, à bâtir un monastère et une église terminée en 1780.

Charles autorisa aussi en 1635 une maison de Prémontrés, à l'angle de la place Saint-Jean et de la rue Saint-Joseph. Ce ne fut qu'en 1713 que le supérieur, Dom Gaillard, a fait construire le monastère et la belle église, aujourd'hui temple protestant.

En 1642, M. du Hallier, gouverneur de Nancy, fonda un couvent de Dominicains rue de ce nom et les dota; les pères ont reconstruit l'église et la maison en 1744.

En 1651, M. Lenoir, négociant, fonda la communauté des prêtres. Cette maison se composait de huit prêtres, chargés du service vicarial des paroisses de la Ville-Neuve.

Les petites Carmélites, autorisées à Nancy en 1655 par Louis XIV, s'établirent rue St-Joseph. Léopold voulait les supprimer, mais il les reconnut en 1715, sous la condition de construire un monastère et des maisons bourgeoises.

Les pères Augustins s'établirent en 1665, d'abord à l'entrée de la Pépinière, puis rue des Ponts.

De ce règne datent la Citadelle, la porte royale, démolie par Stanislas en 1751, puis la chartreuse de Sainte-Anne et la splendide chartreuse de Bosserville.

CHARLES V

1675-1690

Charles V ne régna pas, à cause de la conquête de la Lorraine par la France.

LÉOPOLD

1670 - 1729

Léopold, né à Inspruck, fut destiné par Dieu, en montant sur le trône, à réparer les maux causés à la Lorraine par son aïeul Charles IV. Il eut pour gouverneur lord Carlinford, qui s'attacha à développer chez son élève toutes les qualités morales, politiques et militaires de l'héritier présomptif d'une couronne.

Léopold fit ses premières armes dans les campagnes de 1676 et 1677, il y déploya les qualités d'un grand capitaine.

Ce prince rentra en possession de ses États par le traité de Riswick, signé le 30 octobre 1697. La Lorraine, enclavée désormais dans la France par l'annexion de l'Alsace à ce royaume, ne recouvrait qu'une existence éphémère. Léopold, qui entrevoyait ce sort réservé au duché, dirigea dès lors sa politique à faire monter sa famille sur un autre trône.

La duchesse Eléonore, mère du duc, à la nouvelle de la restitution du duché, délégua les barons Canon de Ville et le Bègue, pour prendre possession du pays bien affaibli, car le roi se réservait le droit de passage pour ses troupes à travers le duché, le dementèlement de Nancy et la faculté d'échanger la ville et la prévoté de Longwy contre un territoire égal dans les trois évéchés.

La duchesse douairière, pour consolider le rétablissement de Léopold sur le trône, résolut de lui assurer la protection du roi de France en le mariant avec Elisabeth-Charlotte d'Orléans sa nièce. Elle chargea M. de Couvronges d'entamer cette négociation. Louis XIV l'accueillit favorablement, mais la mort de la régente, à Vienne, le 17 décembre 1697, l'interrompit.

Après la célébration des funérailles de la princesse, le duc quitta l'Autriche pour prendre possession de ses Etats. La noblesse et les populations accoururent en foule à sa rencontre. L'enthousiasme gagna tous les cœurs à sa vue: Léopold n'oublia jamais cette réception, elle l'excita toute sa vie à travailler au bonheur de ses sujets.

Ce prince, plein de bonté, était autoritaire, aussi rejeta-t-il toutes les demandes de la chevalerie pour le rétablissement de ses privilèges.

Léopold rappela la population émigrée, attira les étrangers dans ses Etats par des distributions gratuites de terres, de bétail, de chevaux. Il encouragea l'industrie et le commerce. Il réorganisa, avec l'aide de M. de Boursier, jurisconsulte distingué, les lois et la magistrature. Il rétablit l'ordre des avocats, les municipalités avec leurs anciennes prérogatives, enfin les chambres des comptes de Nancy et de Bar, supprimées par Louis XIV.

Léopold, ces travaux terminés, songea de nouveau à son mariage. Il expédia le duc d'Elbeuf épouser Mademoiselle par procuration, le 12 octobre 1698. La duchesse quitta alors Paris pour rejoindre le duc qui l'attendait à Bar, où il renouvela son union devant toute la Maison de Lorraine.

Après plusieurs jours de fêtes, les nouveaux époux s'acheminèrent vers Nancy faire leur entrée solennelle. Léopold se consacra de nouveau au soin de ses Etats ; il rendit alors des ordonnance sur le duel, la mendicité, la fonte des monnaies. Il décréta la création d'écoles et de collèges.

La Lorraine commençait à peine à renaître, quand un nouveau danger la menaça. La France et l'Autriche se disputaient la succession espagnole; Léopold craignait d'être forcé de prendre parti pour un des prétendants, mais il obtint des deux adversaires, sûrs de sa loyauté, la neutralité de la Lorraine ; le roi de France se réserva pourtant de placer une garnison à Nancy.

Cet écueil évité, Léopold continua son œuvre réparatrice ; heureux d'avoir assuré la prospérité matérielle de ses sujets, il rêva pour eux la renommée intellectuelle. Nouveau Mécènes, il fonda une académie de peinture et de sculpture pour former des artistes nationaux ; jaloux de la gloire de sa Maison, désireux d'en laisser le souvenir à la postérité, il chargea Dom Calmet de rédiger une histoire de Lorraine.

La mort de Louis XIV ayant fait passer la régence du roi au beau-frère de Léopold, il tâcha de profiter de cette parenté pour obtenir à son duché des avantages toujours refusés par la France, notamment l'exécution de certaines clauses du traité de Riswick : l'échange de la principauté de Longwy, la restitution de Saint-Hyppolite. Le duc, après la signature du traité qui lui accordait toutes ces satisfactions, se rendit à Paris le faire enregistrer par le parlement. Il reçut pendant ce voyage d'autres faveurs du régent, notamment le titre d'Altesse royale avec les honneurs y afférents pour lui et sa postérité.

De retour dans ses Etats, ce prince infatigable pour le bien de ses sujets, décréta la création de routes magnifiques, la construction de quatre cents ponts et l'ouverture de greniers d'abondance.

Léopold, qui avait trouvé la Lorraine ruinée, eut d'abord beaucoup de peine pour solder toutes ces dépenses extraordinaires. Il recourut, au début de son règne, à tous les expédients pour équilibrer son budget; éclairé ensuite par l'expérience et les avis d'un financier habile, Jacques Masson, il finit par acquitter toutes ses dettes.

Ce grand prince, après avoir porté ses Etats au comble de la prospérité, mérité le titre glorieux de Père du peuple par ses bienfaits, mourut en 1729 d'une fluxion de poitrine.

Léopold a beaucoup embelli Nancy; il a d'abord agrandi la ville à l'Est, travail qui permit l'ouverture des rues Saint-Anne, Jeannot et du Manège, des Orphelines, Didion. De ce règne datent aussi les rues Montesquieu, de la Primatiale, du Cloître, le côté nord de la rue de la Poissonnerie, la rue Stanislas jusqu'à la place

Dombasle. Léopold a créé les places de la Cathédrale, de Saint-Jean et Dombasle.

Les rues de la ville étaient, jusqu'alors, bordées de peu de maisons, les particuliers et les couvents bâtissant dans les jardins, le duc ordonna de construire désormais à l'alignement des rues.

En 1715, M*** de Sombreuil a fondé et doté la maison des Orphelines.

En 1715, Léopold fit construire l'église des Prémontrés, la caserne Saint-Jean, la caserne du faubourg Saint-Nicolas, transformée en 1727 en maison de force, une manufacture de tabac, une brasserie à l'hôpital militaire actuel, concédée à son valet de chambre.

Léopold a construit la cathédrale dont la première pierre fut posée le 3 septembre 1703. On n'y commença les offices qu'en 1743. Le duc fonda en 1715, au coin des rues de la Hache et Saint-Nicolas, un hôpital supprimé en 1776.

On doit encore à ce prince la construction de l'église Saint-Sébastien.

FRANÇOIS III

1729-1737

Léopold en mourant avait laissé par testament l'administration du duché à un conseil de régence à cause de l'absence de son fils, alors à Vienne. Mais les princes lorrains et les hauts fonctionnaires méconnaissant cet ordre, nommèrent la duchesse-douairière, régente.

Le premier soin de cette princesse fût d'apporter la plus grande économie dans la gestion des finances; hélas! le surintendant des finances, malgré de grandes suppressions de dépenses et des emprunts nombreux, ne put équilibrer le budget, parce que toutes les rentrées d'argent servaient à couvrir les prodigalités du duc François pour soutenir son rang à la cour de Vienne. Le peuple murmurait même de cette situation. Le prince jugea alors sa présence nécessaire en Lorraine. Il y vint huit mois après la mort de son père; après un court séjour consacré à régler les affaires du duché, le duc partit à Paris, sous le nom de comte de Blâmont, remplir une formalité pénible à son orgueil, la prestation de serment au roi pour le Barrois. De retour dans ses Etats, il régla les affaires comme s'il devait les garder toujours. Pourtant, un an à peine après son arrivée, il quitta de nouveau la Lorraine, laissant sa mère régente et adressant des adieux très-froids à son peuple.

François visita alors l'Europe, et il ne rentra à Vienne qu'en 1732. C'est à cette date que l'on apprit que la France, voulant faire la guerre à l'Autriche, s'apprêtait à occuper la Lorraine. Mais le cardinal Fleury, qui n'approuvait pas cette attaque, offrit à l'Autriche de traiter, moyennant l'abandon de la Lorraine, contre le grand-duché de Toscane.

Cette nouvelle consterna la Maison ducale et la nation ; mais François, plaçant l'intérêt de sa famille au-dessus des considérations de sentiment, ratifia ce traité le 13 avril 1737.

La Lorraine avait vécu. La veuve de Léopold ne voulut pas quitter le duché, elle se retira à Commercy, où elle tint une cour jusqu'à sa mort, arrivée en 1744.

L'absence du duc François de ses Etats l'empêcha de travailler à l'embellisement de Nancy, la régente s'en occupa pourtant. On lui doit la première glacière du pays, bâtie en 1731, rue de la Vénerie ; la Poissonnerie, bâtiment destiné au rez-de-chaussée au marché aux poissons, au premier étage à une salle de spectacle ; les halles aux blés construites en 1732, l'Hôpital militaire, commencé en 1733 ; la paroisse Saint-Pierre.

Je terminerai cette odyssée par le cri du hérault d'armes annonçant à la cour le décès du roi. La Lorraine est morte, vive la France !

Nancy, imp. et lith. de N. Collin, rue du Crosne, 5.

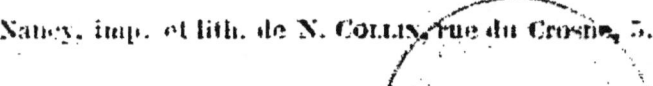